过生日
My Birthday

王绮姮
Winnie Wang

Author & Illustrator

ISBN-10: 1546880135
ISBN-13: 978-1546880134

FOREWORD

This bilingual graded reader is designed for learners of Mandarin Chinese as well as for the HSK test candidates. Its vocabulary comes exclusively from the 300 most common Chinese words. These words and characters are those required to pass the Chinese proficiency test HSK of level 2.

The complete list of words and characters used in this book is available with audio pronunciation at **www.hsk.academy**

This book offers Chinese simplified characters, pinyin and English translation one after the other for each line of text or dialogue.

You can also find at the end the full story in Chinese characters (hanzi), in pinyin, and its English translation.

We hope you will find this story interesting, useful, and short enough to be read again and again and be easily remembered.

CONTENTS

Chapters

Full Version

献给一直支持我的家人

I dedicate this little book to my family who supports me all the time

感谢给予我帮助的朋友--苗婷婷和黄艳

I would like to thank Miao Tingting and Huang Yan for their kind help

过生日

Guò shēngrì

My Birthday

二零一八年五月六日星期三
Èr líng yībā nián wǔ yuè liù rì xīngqísān
Wednesday, May 6th 2018

1. 第一章

Dì yī zhāng
Chapter One

在中国北京有一家人姓千,家里有爸爸、妈妈、儿子和
女儿, 还有小猫和小狗 ， 它们是好朋友。

Zài Zhōngguó Běijīng yǒuyījiārén xìng Qiān, jiā li yǒu bàba, māmā, érzi hé nǚ'ér, hái yǒu xiǎo māo hé xiǎo gǒu, tāmen shì hǎo péngyǒu.

In Beijing China, there is a family whose surname is Qian. There are the father, the mother, the sons, the daughters, a cat, and a dog. The cat and the dog are good friends.

丈夫和妻子一起生了两个男孩子和两个女孩子：哥哥、
姐姐、弟弟和妹妹。

Zhàngfū hé qīzi yīqǐ shēngle liǎng gè nán háizi hé liǎng gè nǚ háizi: Gēgē, jiejie, dìdì hé mèimei.

The husband and the wife have four children: the elder brother, the elder sister, the younger brother and the younger sister.

哥哥十岁，姐姐九岁，我七岁，是他们的弟弟。

Gēgē shí suì, jiejie jiǔ suì, wǒ qī suì, shì tāmen de dìdì.

The first one is my brother. He is ten years old. The second one is my sister. She is nine years old. The third one is me. I am seven. I am their little brother.

妹妹六岁，她最小。

Mèimei liù suì, tā zuìxiǎo.

The fourth one is my little sister. She is six years old. She is the youngest one.

现在就让我介绍一下我们这家人的一天吧！

Xiànzài jiù ràng wǒ jièshào yīxià wǒmen zhè jiārén de yītiān ba!

Let me talk about everyday life of our family!

因为爸爸去年工作忙事情多，所以没有时间休息身体很累，他开始生病了。

Yīnwèi bàba qùnián gōngzuò máng shìqíng duō, suǒyǐ méiyǒu shíjiān xiūxí shēntǐ hěn lèi, tā kāishǐ shēngbìngle.

Because dad had lots of things to do and worked a lot last year, he didn't have time to rest. So he was getting sick.

爸爸希望有时间的时候,就多出去旅游做运动，也希望和妈妈多点时间在一起。

Bàba xīwàng yǒu shíjiān de shíhou, jiù duō chūqù lǚyóu zuò yùndòng, yě xīwàng hé māmā duō diǎn shíjiān zài yīqǐ.

Dad hopes to go travelling more often and work out, when he has more time. He also hopes to spend more time with mom.

2. 第二章
Dì èr zhāng
Chapter Two

早上爸爸妈妈起床的时候，小猫和小狗也起床了。

Zǎoshang bàba māmā qǐchuáng de shíhou, xiǎo māo hé xiǎo gǒu yě qǐchuángle.

When my dad and mom got up this morning, the cat and the dog also woke up.

今天天气很好不冷，不是阴天是晴天，没有下雪也没有下雨，爸爸想要在上班前跑步，他穿上一件新的衣服出去跑步了。

Jīntiān tiānqì hěn hǎo bù lěng, bù shì yīn tiān shì qíng tiān, méiyǒu xià xuě yě méiyǒu xià yǔ, bàba xiǎng yào zài shàngbān qián pǎobù, tā chuān shàng yī jiàn xīn de yīfú chūqù pǎobùle.

The weather is very nice and is not cold today. It's not cloudy but sunny. It's neither snowing nor raining. So dad wants to go jogging before going to work. He puts on some new clothes and goes out to run.

妈妈正在给大家准备早上吃的东西：桌子上有两杯热咖啡、几个鸡蛋、两杯热茶、还有一大杯牛奶和水果。

Māmā zhèngzài gěi dàjiā zhǔnbèi zǎoshang chī de dōngxi: Zhuōzi shàng yǒu liǎng bēi rè kāfēi, jǐ gè jīdàn, liǎng bēi rè chá, hái yǒuyī dà bēi niúnǎi hé shuǐguǒ.

My mom is preparing something to eat for breakfast for everyone. On the table, there are two cups of hot coffee, several eggs, two cups of hot tea, a big cup of milk, and some fruits.

水果里我最喜欢苹果和西瓜，妈妈给我准备了很多苹果。

Shuǐguǒ lǐ wǒ zuì xǐhuan píngguǒ hé xīguā, māmā gěi wǒ zhǔnbèile hěnduō píngguǒ.

Among all kinds of fruits, the ones I like the most are apple and watermelon. So my mom has prepared a lot of apples for me.

我正在喝牛奶的时候，看到妈妈出门,就叫住她问："妈妈，你去哪儿做什么？"

Wǒ zhèngzài hē niúnǎi de shíhou, kàn dào māmā chūmén, jiù jiào zhù tā wèn: "Māmā, nǐ qù nǎ'r zuò shénme?"

When I was drinking milk, I saw my mom going out. So I stopped her and asked her "Mom, where are you going？ What are you going to do?"

听到我问她，妈妈说："我要去商店给小猫买好吃的东西，你下午回家后喂给小猫吃吧。"

Tīng dào wǒ wèn tā, māmā shuō: "Wǒ yào qù shāngdiàn gěi xiǎo māo mǎi hào chī de dōngxi, nǐ xiàwǔ huí jiā hòu wèi gěi xiǎo māo chī ba."

My mom heard my question and she said "I am going to the store to get something delicious for the cat. So you can feed her after school."

我对妈妈说："我们一起去吧！"

Wǒ duì māmā shuō: "Wǒmen yīqǐ qù ba!"

So I told my mom, "Let's go together!"

我和妈妈坐上公共汽车来到了火车站旁边的商店。

Wǒ hé māmā zuò shàng gōnggòng qìchē lái dàole huǒchē zhàn pángbiān de shāngdiàn.

My mom and I got on the bus. We went to the store that is just next to the train station.

商店里真是什么都有！

Shāngdiàn lǐ zhēn shi shénme dōu yǒu!

There are many things in the store.

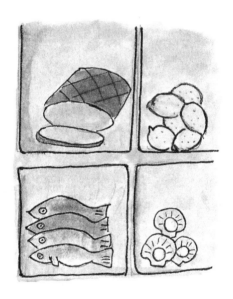

这里卖很多漂亮好吃的东西，有点贵，也有的便宜，还有很多我不认识的。

Zhèlǐ mài hěnduō piàoliang hào chī de dōngxi, yǒudiǎn guì, yěyǒu de piányi, hái yǒu hěnduō wǒ bù rènshi de.

They sell a lot of beautiful and delicious things. Some are expensive, but some are cheap. There are also other things that I don't even know.

妈妈想买一点儿菜、一块羊肉、几块鱼肉、报纸和两个杯子。

Māmā xiǎng mǎi yīdiǎn'r cài, yīkuài yángròu, jǐ kuài yúròu, bàozhǐ hé liǎng gè bēizi.

My mom wanted to buy some vegetables, a piece of lamb, some fish, newspaper and two cups.

她问了问商店服务员多少钱，给了三百块钱买完东西，我们就离开了。

Tā wènle wèn shāngdiàn fúwùyuán duōshǎo qián, gěile sānbǎi kuài qián mǎi wán dōngxi, wǒmen jiù líkāile.

She asked the shop assistant how much it would cost for all the things we took. Then she paid 300 RMB and we left.

在回来的路上，我想到今天是我的生日。

Zài huílái de lùshàng, wǒ xiǎngdào jīntiān shì wǒ de shēngrì.

On my way back, I remembered that it was my birthday.

虽然大家昨天谁也没有问我今天是几号，也都没有告诉我今天会做什么，但是我知道今天会过得非常高兴。

Suīrán dàjiā zuótiān shuí yě méiyǒu wèn wǒ jīntiān shì jǐ hào, yě dū méiyǒu gàosu wǒ jīntiān huì zuò shénme, dànshì wǒ zhīdào jīntiān huìguò de fēicháng gāoxìng.

Although yesterday nobody asked me what the date would be today and nobody told me what we would do, I knew that today I would have a good day!

3. 第三章
Dì sān zhāng
Chapter Three

我们回到家看见小猫正在睡觉，哥哥和姐姐正在等我一
起去学校学习。

Wǒmen huí dàojiā kànjiàn xiǎo māo zhèngzài shuìjiào, gēgē hé jiejie
zhèngzài děng wǒ yīqǐ qù xuéxiào xuéxí.

**After we came back home, I saw the cat was sleeping. My elder
brother and elder sister were waiting for me to go to school
together.**

去学校的路不是很长。

Qù xuéxiào de lù bùshì hěn zhǎng.

The way to school is not very long.

路上可以看到一个机场，有的时候有飞机飞过。

Lùshàng kěyǐ kàn dào yīgè jīchǎng, yǒu de shíhou yǒu fēijī fēiguò.

**We can see an airport on the way. Sometimes there are aircrafts
passing by.**

哥哥在上学校的路上对我说："上午上完课，下课后我们一起玩，可以去踢足球打篮球，姐姐也会和我们一起去游泳。"

Gēgē zài shàng xuéxiào de lùshàng duì wǒ shuō: "Shàngwǔ shàng wán kè, xiàkè hòu wǒmen yīqǐ wán, kěyǐ qù tī zúqiú dǎ lánqiú, jiějie yě huì hé wǒmen yīqǐ qù yóuyǒng."

My brother told me "Let's play together after class. We can play football and basketball. Your sister would also like to go swimming with us."

我们到了学校，学校里有很多学生。

Wǒmen dàole xuéxiào, xuéxiào li yǒu hěnduō xuéshēng.

We arrived at school. There were already many students.

我走进教室，看到有些同学在本子上写铅笔字；有些同学读书；有些同学说话；我也坐到了椅子上。

Wǒ zǒu jìn jiàoshì, kàn dào yǒuxiē tóngxué zài běnzi shàng xiě qiānbǐ zì; yǒuxiē tóngxué dúshū; yǒuxiē tóngxué shuōhuà; wǒ yě zuò dàole yǐzi shàng.

I came to the classroom and I saw some classmates writing characters. Some are reading books and some are talking. I finally sat on my chair.

这时候老师进来了！

Zhè shíhou lǎoshī jìnláile!

In the meantime, the teacher came in!

因为离汉语考试日子已经很近了，所以我觉得老师会说汉语考试的事情。

Yīnwèi lí hànyǔ kǎoshì rìzi yǐjīng hěn jìnle, suǒyǐ wǒ juéde lǎoshī huì shuō hànyǔ kǎoshì de shì qíng.

Because the Chinese test day was approaching, I thought that the teacher would talk about the test.

但是老师往我这里慢慢走过来，走到我桌子前面说：

"生日快乐"！

Dànshì lǎoshī wǎng wǒ zhèlǐ màn man zǒu guòlái, zǒu dào wǒ zhuōzi qiánmiàn shuō: "Shēngrì kuàilè"!

But she walked to me slowly, she stopped in front of my desk saying "Happy Birthday"!

每个人都笑着对我唱生日歌，我觉得非常快乐。

Měi gèrén dōu xiàozhe duì wǒ chàng shēngrì gē, wǒ juéde fēicháng kuàilè.

Everyone smiled and sang a birthday song for me. I felt very happy.

4. 第四章
Dì sì zhāng
Chapter Four

下课后，我和同学们中午一起吃了面条。

Xiàkè hòu, wǒ hé tóngxuémen zhōngwǔ yīqǐ chīle miàntiáo.

After class, it was lunchtime. So I went to have some noodles with my classmates.

回家后我看到妹妹正在房间里看着电视跳舞，小狗和小猫在妹妹后面玩。

Huí jiā hòu wǒ kàn dào mèimei zhèngzài fángjiān lǐ kànzhe diànshì tiàowǔ, xiǎo gǒu hé xiǎo māo zài mèimei hòumiàn wán.

When I came back home, I saw that my little sister was dancing in front of the TV. The cat and the dog were playing behind her.

我想到要喂小猫吃东西了，就去洗了手，忙着给小猫吃了几块鱼肉和昨天的一些米饭。

Wǒ xiǎngdào yào wèi xiǎo māo chī dōngxile, jiù qù xǐle shǒu, mángzhe

gěi xiǎo māo chīle jǐ kuài yúròu hé zuótiān de yīxiē mǐfàn.
I thought that it was time to feed the cat. So I washed my hands and fed the cat with some fish as well as some rice from yesterday.

这时候，哥哥和姐姐也回家了。
Zhè shíhou, gēgē hé jiejie yě huí jiāle.
My elder brother and elder sister also came back.

他们给我家小猫和小狗起了白小姐和黑先生的名字。
Tāmen gěi wǒjiā xiǎo māo hé xiǎo gǒu qǐle bái xiǎojiě hé hēi xiānshēng de míngzì.
They named our little cat Miss White. Our dog was called Mr. Black.

他们两个人一起和小猫小狗玩得很高兴。
Tāmen liǎng gèrén yīqǐ hé xiǎo māo xiǎo gǒu wán de hěn gāoxìng.
They were having a lot of fun with the cat and the dog.

过了十几分钟后，哥哥走过来问我："你今天下午喂白小姐吃了什么东西？为什么它右边的眼睛是红颜色的呢？"
Guò le shí jǐ fēnzhōng hòu, gēgē zǒu guòlái wèn wǒ: "Nǐ jīntiān xiàwǔ wèi bái xiǎojiě chīle shénme dōngxi? Wèishéme tā yòubiān de yǎnjīng shì hóng yánsè de ne?"
10 minutes later, my brother came to ask me: "What did you feed Miss White this afternoon? Why is her right eye so red?"

我没有说什么。

Wǒ méiyǒu shuō shénme.

I did not say anything.

姐姐看了一下小猫说："那它可能是生病了。"

Jiějie kànle yīxià xiǎo māo shuō: "Nà tā kěnéng shì shēngbìngle."

My sister looked at the cat and said, "She is probably sick."

哥哥给爸爸打了电话，爸爸的意思是让我们带小猫去医院。

Gēgē gěi bàba dǎle diànhuà, bàba de yìsi shì ràng wǒmen dài xiǎo māo qù yīyuàn.

So my brother called my dad. Our dad thought that we should take the cat to the pet clinic.

哥哥在电脑上找到医院在哪儿，打电话叫了出租车。

Gēgē zài diànnǎo shàng zhǎodào yīyuàn zài nǎ'er, dǎ diànhuà jiàole chūzū chē.

My brother used the computer to search and found out where the pet clinic was. He called a taxi.

还好，医院就在离我家不远的宾馆的旁边。

Hái hǎo, yīyuàn jiù zài lí wǒjiā bù yuǎn de bīnguǎn de pángbiān.

Fortunately, the clinic was not far from our home, it was just next to the hotel.

我们送小猫去了医院，问医生"小猫右边的眼睛比左边的要红，请您帮助看一下可以吗？"

Wǒmen sòng xiǎo māo qùle yīyuàn, wèn yīshēng "xiǎo māo yòubiān de yǎnjīng bǐ zuǒbiān de yāo hóng, qǐng nín bāngzhù kàn yīxià kěyǐ ma?"

We took the cat to the clinic and asked the doctor "Her right eye is redder than the left one. Could you please help us to have a look?"

医生问了我们一些问题后就带着小猫进到房间里，我们
在房间外等着。

Yīshēng wènle wǒmen yīxiē wèntí hòu jiù dàizhe xiǎo māo jìn dào
fángjiān lǐ, wǒmen zài fángjiān wài děngzhe.

**The doctor asked us some questions and took the cat into the room.
We waited outside.**

5. 第五章
Dì wǔ zhāng
Chapter Five

一个小时后，医生带小猫出来了。

Yīgè xiǎoshí hòu, yīshēng dài xiǎo māo chūláile.

One hour later, the doctor came out with the cat.

最后我们知道了为什么。

Zuìhòu wǒmen zhīdàole wèishéme.

Finally, we knew the reason.

是因为我喂小猫吃东西的时候，错给了小猫羊肉吃。

Shì yīnwèi wǒ wèi xiǎo māo chī dōng xī de shíhou, cuò gěile xiǎo māo yángròu chī.

When I was feeding the cat, I gave lamb meat to the cat by mistake.

因为我没有看到羊肉和鱼在一起，所以给小猫错吃了羊肉,它就生病了。

Yīnwèi wǒ méiyǒu kàn dào yángròu hé yú zài yīqǐ, suǒyǐ gěi xiǎo māo cuò chīle yángròu, tā jiù shēngbìngle.

Because I did not notice that the lamb and the fish were placed together, the cat ate lamb meat and got sick.

我觉得很对不起小猫。

Wǒ juéde hěn duìbùqǐ xiǎo māo.

I felt so sorry for the cat.

医生给了我们药说：“小猫现在没关系了，明天就可以吃东西，你们现在可以带它回家了！”

Yīshēng gěile wǒmen yào shuō: "Xiǎo māo xiànzài méiguānxìle, míngtiān jiù kěyǐ chī dōngxi, nǐmen xiànzài kěyǐ dài tā huí jiāle!"

The doctor gave us some medicine and said: "The cat is ok now. She can eat starting from tomorrow. You can take her home now!"

我们对医生说：“谢谢您，再见！”

Wǒmen duì yīshēng shuō: "Xièxiè nín, zàijiàn!"

We said to the doctor, "Thank you! Good bye!"

医生说：“不客气，再见！”

Yīshēng shuō: "Bù kèqì, zàijiàn!"

The doctor said, "You're welcome! Good bye!"

我们就坐上出租车回家了。

Wǒmen jiùzuò shàng chūzū chē huí jiāle.

We took a taxi and went back home.

回到家后，看到爸爸妈妈已经从公司回来，正在等着我们。

Huí dàojiā hòu, kàn dào bàba māmā yǐjīng cóng gōngsī huílái, zhèngzài děngzhe wǒmen.

When we reached home, we saw that mom and dad were already back from work. They were waiting for us.

妈妈问："孩子们，今天过的怎么样？

Māmā wèn: "Háizimen, jīntiānguò de zěnme yàng?

Mom asked, "Kids, how did it go today?"

哥哥说："小猫今天生病了，我们一起带它去看了医生，它已经没关系了。"

Gēgē shuō:" Xiǎo māo jīntiān shēngbìngle, wǒmen yīqǐ dài tā qù kànle yīshēng, tā yǐjīng méiguānxìle."

We told them, "The cat was sick today. We took her to the pet clinic and she is all right now."

爸爸和妈妈都说："没关系！"

Bàba hé māmā dōu shuō: "Méiguānxì! "

Both dad and mom said, "Don't worry!"

他们还说："大家都是一点一点从过错中学习的。你们现在懂了，下次知道怎么做就好了！"

Tāmen hái shuō: "dàjiā dōu shì yī diǎn yī diǎn cóng guòcuò zhōng xuéxí de. Nǐmen xiànzài dǒngle, xià cì zhīdào zěnme zuò jiù hǎole!"

They also said: "Everyone learns from his mistakes little by little. Now you all understand. So next time you know how to do better!"

天也黑了下来，爸爸看了一下他的手表，对我们说："今天是你们弟弟的生日，我们晚上一起去饭店吃饭吧！"

Tiān yě hēile xiàlái, bàba kànle yīxià tā de shǒubiǎo, duì wǒmen shuō: "Jīntiān shì nǐmen dìdì de shēngrì, wǒmen wǎnshàng yīqǐ qù fàndiàn chīfàn ba!"

It was getting dark outside. Dad looked at his watch and said "Today

is your brother's birthday. Let's go to a restaurant!"

妈妈对爸爸说：“别带手机了！今天晚上就是一家人在一起的时间！”

Māmā duì bàba shuō: "Bié dài shǒujīle! Jīntiān wǎnshàng jiùshì yī jiā rén zài yīqǐ de shíjiān!"

Mom said to dad, "Do not bring your hand phone! It's family time tonight!"

吃过饭后,我们还买了电影票去看了电影。

Chīguò fàn hòu, wǒmen hái mǎile diànyǐng piào qù kànle diànyǐng.

After dinner, we also bought movie tickets and went to see a movie.

在回家的路上，我对大家说：“谢谢你们，我今天的生日过得太高兴了！我爱你们！”

Zài huí jiā de lùshàng, wǒ duì dàjiā shuō: "Xièxiè nǐmen, wǒ jīntiān de shēngrìguò de tài gāoxìngle! Wǒ ài nǐmen!"

On the way home, I said to everyone, "Thank you all! I had such a good birthday today! I love you all!"

过生日

二零一八年五月六日星期三

第一章

在中国北京有一家人姓千,家里有爸爸、妈妈、儿子和女儿,还有小猫和小狗,它们是好朋友。

丈夫和妻子一起生了两个男孩子和两个女孩子:哥哥、姐姐、弟弟和妹妹。

哥哥十岁,姐姐九岁,我七岁,是他们的弟弟。

妹妹六岁,她最小。

现在就让我介绍一下我们这家人的一天吧!

因为爸爸去年工作忙事情多,所以没有时间休息身体很累,他开始生病了。

爸爸希望有时间的时候,就多出去旅游做运动,也希望和妈妈多点时间在一起。

第二章

早上爸爸妈妈起床的时候,小猫和小狗也起床了。

今天天气很好不冷,不是阴天是晴天,没有下雪也没有下雨,爸爸想要在上班前跑步,他穿上一件新的衣服出去跑步了。

妈妈正在给大家准备早上吃的东西:桌子上有两杯热咖啡、几个鸡蛋、两杯热茶、还有一大杯牛奶和水果。

水果里我最喜欢苹果和西瓜,妈妈给我准备了很多苹果。

我正在喝牛奶的时候,看到妈妈出门,就叫住她问:"妈妈,你去哪儿做什么?"

听到我问她,妈妈说:"我要去商店给小猫买好吃的东西,你下午回家后喂给小猫吃吧。"

我对妈妈说："我们一起去吧！"

我和妈妈坐上公共汽车来到了火车站旁边的商店。

商店里真是什么都有！

这里卖很多漂亮好吃的东西，有点贵，也有的便宜，还有很多我不认识的。

妈妈想买一点儿菜、一块羊肉、几块鱼肉、报纸和两个杯子。

她问了问商店服务员多少钱，给了三百块钱买完东西，我们就离开了。

在回来的路上，我想到今天是我的生日。

虽然大家昨天谁也没有问我今天是几号，也都没有告诉我今天会做什么，但是我知道今天会过得非常高兴。

第三章

我们回到家看见小猫正在睡觉，哥哥和姐姐正在等我一起去学校学习。

去学校的路不是很长。

路上可以看到一个机场，有的时候有飞机飞过。

哥哥在上学校的路上对我说："上午上完课，下课后我们一起玩，可以去踢足球打篮球，姐姐也会和我们一起去游泳。"

我们到了学校，学校里有很多学生。

我走进教室，看到有些同学在本子上写铅笔字；有些同学读书；有些同学说话；我也坐到了椅子上。

这时候老师进来了！

因为离汉语考试日子已经很近了，所以我觉得老师会说汉语考试的事情。

但是老师往我这里慢慢走过来，走到我桌子前面说："生日快乐"！

每个人都笑着对我唱生日歌，我觉得非常快乐。

第四章

下课后，我和同学们中午一起吃了面条。

回家后我看到妹妹正在房间里看着电视跳舞，小狗和小猫在妹妹后面玩。

我想到要喂小猫吃东西了，就去洗了手，忙着给小猫吃了几块鱼肉和昨天的一些米饭。

这时候，哥哥和姐姐也回家了。

他们给我家小猫和小狗起了白小姐和黑先生的名字。

他们两个人一起和小猫小狗玩得很高兴。

过了十几分钟后，哥哥走过来问我："你今天下午喂白小姐吃了什么东西？为什么它右边的眼睛是红颜色的呢?"

我没有说什么。

姐姐看了一下小猫说："那它可能是生病了。"

哥哥给爸爸打了电话，爸爸的意思是让我们带小猫去医院。

哥哥在电脑上找到医院在哪儿，打电话叫了出租车。

还好，医院就在离我家不远的宾馆的旁边。

我们送小猫去了医院，问医生"小猫右边的眼睛比左边的要红，请您帮助看一下可以吗？"

医生问了我们一些问题后就带着小猫进到房间里，我们在房间外等着。

第五章

一个小时后，医生带小猫出来了。

最后我们知道了为什么。

是因为我喂小猫吃东西的时候，错给了小猫羊肉吃。

因为我没有看到羊肉和鱼在一起，所以给小猫错吃了羊肉,它就生病了。

我觉得很对不起小猫。

医生给了我们药说："小猫现在没关系了，明天就可以吃东西，你们现在可以带它回家了！"

我们对医生说："谢谢您，再见！"

医生说："不客气，再见！"

我们就坐上出租车回家了。

回到家后，看到爸爸妈妈已经从公司回来，正在等着我们。

妈妈问："孩子们，今天过的怎么样？

哥哥说："小猫今天生病了，我们一起带它去看了医生，它已经没关系了。"

爸爸和妈妈都说："没关系！"

他们还说："大家都是一点一点从过错中学习的。你们现在懂了，下次知道怎么做就好了！"

天也黑了下来，爸爸看了一下他的手表，对我们说："今天是你们弟弟的生日，我们晚上一起去饭店吃饭吧！"

妈妈对爸爸说："别带手机了！今天晚上就是一家人在一起的时间！"

吃过饭后,我们还买了电影票去看了电影。

在回家的路上，我对大家说："谢谢你们，我今天的生日过得太高兴了！我爱你们！"

PINYIN (FULL STORY)

Guò shēngrì

Èr líng yībā nián wǔ yuè liù rì xīngqísān

Dì yī zhāng

Zài Zhōngguó Běijīng yǒuyījiārén xìng qiān, jiā li yǒu bàba, māmā, érzi hé nǚ'ér, hái yǒu xiǎo māo hé xiǎo gǒu, tāmen shì hǎo péngyǒu.

Zhàngfū hé qīzi yīqǐ shēngle liǎng gè nán háizi hé liǎng gè nǚ háizi: Gēgē, jiějie, dìdì hé mèimei.

Gēgē shí suì, jiějie jiǔ suì, wǒ qī suì, shì tāmen de dìdì.

Mèimei liù suì, tā zuìxiǎo.

Xiànzài jiù ràng wǒ jièshào yīxià wǒmen zhè jiārén de yītiān ba!

Yīnwèi bàba qùnián gōngzuò máng shìqíng duō, suǒyǐ méiyǒu shíjiān xiūxí shēntǐ hěn lèi, tā kāishǐ shēngbìngle.

Bàba xīwàng yǒu shíjiān de shíhou, jiù duō chūqù lǚyóu zuò yùndòng, yě xīwàng hé māmā duō diǎn shíjiān zài yīqǐ.

Dì èr zhāng

Zǎoshang bàba māmā qǐchuáng de shíhou, xiǎo māo hé xiǎo gǒu yě qǐchuángle.

Jīntiān tiānqì hěn hǎobù lěng, bùshì yīn tiān shìqíngtiān, méiyǒu xià xuě yě méiyǒu xià yǔ, bàba xiǎng yào zài shàngbān qián pǎobù, tā chuān shàng yī jiàn xīn de yīfú chūqù pǎobùle.

Māmā zhèngzài gěi dàjiā zhǔnbèi zǎoshang chī de dōngxi: Zhuōzi shàng yǒu liǎng bēi rè kāfēi, jǐ gè jīdàn, liǎng bēi rè chá, hái yǒuyī dà bēi niúnǎi hé shuǐguǒ.

Shuǐguǒ lǐ wǒ zuì xǐhuan píngguǒ hé xīguā, māmā gěi wǒ zhǔnbèile hěnduō píngguǒ.

Wǒ zhèngzài hē niúnǎi de shíhou, kàn dào māmā chūmén, jiù jiào zhù tā wèn: "Māmā, nǐ qù nǎ'r zuò shénme?"

Tīng dào wǒ wèn tā, māmā shuō: "Wǒ yào qù shāngdiàn gěi xiǎo māo mǎi hào chī de dōngxi, nǐ xiàwǔ huí jiā hòu wèi gěi xiǎo māo chī ba."

Wǒ duì māmā shuō: "Wǒmen yīqǐ qù ba!"

Wǒ hé māmā zuò shàng gōnggòng qìchē lái dàole huǒchē zhàn pángbiān de shāngdiàn.

Shāngdiàn lǐ zhēn shi shénme dōu yǒu!

Zhèlǐ mài hěnduō piàoliang hào chī de dōngxi, yǒudiǎn guì, yěyǒu de piányi, hái yǒu hěnduō wǒ bù rènshi de.

Māmā xiǎng mǎi yīdiǎn'r cài, yīkuài yángròu, jǐ kuài yúròu, bàozhǐ hé liǎng gè bēizi.

Tā wènle wèn shāngdiàn fúwùyuán duōshǎo qián, gěile sānbǎi kuài qián mǎi wán dōngxi, wǒmen jiù líkāile.

Zài huílái de lùshàng, wǒ xiǎngdào jīntiān shì wǒ de shēngrì.

Suīrán dàjiā zuótiān shuí yě méiyǒu wèn wǒ jīntiān shì jǐ hào, yě dū méiyǒu gàosu wǒ jīntiān huì zuò shénme, dànshì wǒ zhīdào jīntiān huìguò de fēicháng gāoxìng.

Dì sān zhāng

Wǒmen huí dàojiā kànjiàn xiǎo māo zhèngzài shuìjiào, gēgē hé jiejie zhèngzài děng wǒ yīqǐ qù xuéxiào xuéxí.

Qù xuéxiào de lù bùshì hěn zhǎng.

Lùshàng kěyǐ kàn dào yīgè jīchǎng, yǒu de shíhou yǒu fēijī fēiguò.

Gēgē zài shàng xuéxiào de lùshàng duì wǒ shuō: "Shàngwǔ shàng wán kè, xiàkè hòu wǒmen yīqǐ wán, kěyǐ qù tī zúqiú dǎ lánqiú, jiejie yě huì hé wǒmen yīqǐ qù yóuyǒng."

Wǒmen dàole xuéxiào, xuéxiào li yǒu hěnduō xuéshēng.

Wǒ zǒu jìn jiàoshì, kàn dào yǒuxiē tóngxué zài běnzi shàng xiě qiānbǐ zì; yǒuxiē tóngxué dúshū; yǒuxiē tóngxué shuōhuà; wǒ yě zuò dàole yǐzi shàng.

Zhè shíhou lǎoshī jìnláile!

Yīnwèi lí hànyǔ kǎoshì rìzi yǐjīng hěn jìnle, suǒyǐ wǒ juéde lǎoshī huì shuō hànyǔ kǎoshì de shì qíng.

Dànshì lǎoshī wǎng wǒ zhèlǐ màn man zǒu guòlái, zǒu dào wǒ zhuōzi qiánmiàn shuō: "Shēngrì kuàilè"!

Měi gèrén dōu xiàozhe duì wǒ chàng shēngrì gē, wǒ juéde fēicháng kuàilè.

Dì sì zhāng

Xiàkè hòu, wǒ hé tóngxuémen zhōngwǔ yīqǐ chīle miàntiáo.

Huí jiā hòu wǒ kàn dào mèimei zhèngzài fángjiān lǐ kànzhe diànshì tiàowǔ, xiǎo gǒu hé xiǎo māo zài mèimei hòumiàn wán.

Wǒ xiǎngdào yào wèi xiǎo māo chī dōngxile, jiù qù xǐle shǒu, mángzhe gěi xiǎo māo chīle jǐ kuài yúròu hé zuótiān de yīxiē mǐfàn.

Zhè shíhou, gēgē hé jiejie yě huí jiāle.

Tāmen gěi wǒjiā xiǎo māo hé xiǎo gǒu qǐle bái xiǎojiě hé hēi xiānshēng de míngzì.

Tāmen liǎng gèrén yīqǐ hé xiǎo māo xiǎo gǒu wán de hěn gāoxìng.

Guò le shí jǐ fēnzhōng hòu, gēgē zǒu guòlái wèn wǒ: "Nǐ jīntiān xiàwǔ wèi bái xiǎojiě chīle shénme dōngxi? Wèishéme tā yòubiān de yǎnjīng shì hóng yánsè de ne?"

Wǒ méiyǒu shuō shénme.

Jiejie kànle yīxià xiǎo māo shuō: "Nà tā kěnéng shì shēngbìngle."

Gēgē gěi bàba dǎle diànhuà, bàba de yìsi shì ràng wǒmen dài xiǎo māo qù yīyuàn.

Gēgē zài diànnǎo shàng zhǎodào yīyuàn zài nǎ'er, dǎ diànhuà jiàole chūzū chē.

Hái hǎo, yīyuàn jiù zài lí wǒjiā bù yuǎn de bīnguǎn de pángbiān.

Wǒmen sòng xiǎo māo qùle yīyuàn, wèn yīshēng "xiǎo māo yòubiān de yǎnjīng bǐ zuǒbiān de yāo hóng, qǐng nín bāngzhù kàn yīxià kěyǐ ma?"

Yīshēng wènle wǒmen yīxiē wèntí hòu jiù dàizhe xiǎo māo jìn dào fángjiān lǐ, wǒmen zài fángjiān wài děngzhe.

Dì wǔ zhāng

Yīgè xiǎoshí hòu, yīshēng dài xiǎo māo chūláile.

Zuìhòu wǒmen zhīdàole wèishéme.

Shì yīnwèi wǒ wèi xiǎo māo chī dōng xī de shíhou, cuò gěile xiǎo māo yángròu chī.

Yīnwèi wǒ méiyǒu kàn dào yángròu hé yú zài yīqǐ, suǒyǐ gěi xiǎo māo cuò chīle yángròu, tā jiù shēngbìngle.

Wǒ juéde hěn duìbùqǐ xiǎo māo.

Yīshēng gěile wǒmen yào shuō: "Xiǎo māo xiànzài méiguānxìle, míngtiān jiù kěyǐ chī dōngxi, nǐmen xiànzài kěyǐ dài tā huí jiāle!"

Wǒmen duì yīshēng shuō: "Xièxiè nín, zàijiàn!"

Yīshēng shuō: "Bù kèqì, zàijiàn!"

Wǒmen jiùzuò shàng chūzū chē huí jiāle.

Huí dàojiā hòu, kàn dào bàba māmā yǐjīng cóng gōngsī huílái, zhèngzài děngzhe wǒmen.

Māmā wèn: "Háizimen, jīntiānguò de zěnme yàng?

Gēgē shuō:" Xiǎo māo jīntiān shēngbìngle, wǒmen yīqǐ dài tā qù kànle yīshēng, tā yǐjīng méiguānxìle."

Bàba hé māmā dōu shuō: "Méiguānxì! "

Tāmen hái shuō: "dàjiā dōu shì yī diǎn yī diǎn cóng guòcuò zhōng xuéxí de. Nǐmen xiànzài dǒngle, xià cì zhīdào zěnme zuò jiù hǎole!"

Tiān yě hēile xiàlái, bàba kànle yīxià tā de shǒubiǎo, duì wǒmen shuō: "Jīntiān shì nǐmen dìdì de shēngrì, wǒmen wǎnshàng yīqǐ qù fàndiàn chīfàn ba!"

Māmā duì bàba shuō: "Bié dài shǒujīle! Jīntiān wǎnshàng jiùshì yī jiā rén zài yīqǐ de shíjiān!"

Chīguò fàn hòu, wǒmen hái mǎile diànyǐng piào qù kànle diànyǐng.

Zài huí jiā de lùshàng, wǒ duì dàjiā shuō: "Xièxiè nǐmen, wǒ jīntiān de shēngrìguò de tài gāoxìngle! Wǒ ài nǐmen!"

ENGLISH TRANSLATION

My Birthday
Wednesday, May 6th 2018

Chapter One
In Beijing China, there is a family whose surname is Qian. There are the father, the mother, the sons, the daughters, a cat, and a dog. The cat and the dog are good friends.

The husband and the wife have four children: the elder brother, the elder sister, the younger brother and the younger sister.

The first one is my brother. He is ten years old. The second one is my sister. She is nine years old. The third one is me. I am seven. I am their little brother.

The fourth one is my little sister. She is six years old. She is the youngest one.

Let me talk about everyday life of our family!

Because dad had lots of things to do and worked a lot last year, he didn't have time to rest. So he was getting sick.

Dad hopes to go travelling more often and work out, when he has more time. He also hopes to spend more time with mom.

Chapter Two
When my dad and mom got up this morning, the cat and the dog also woke up.

The weather is very nice and is not cold today. It's not cloudy but sunny. It's neither snowing nor raining. So dad wants to go jogging before going to work. He puts on some new clothes and goes out to run.

My mom is preparing something to eat for breakfast for everyone. On the table, there are two cups of hot coffee, several eggs, two cups of hot tea, a big cup of milk, and some fruits.

Among all kinds of fruits, the ones I like the most are apple and watermelon. So my mom has prepared a lot of apples for me.

When I was drinking milk, I saw my mom going out. So I stopped her and asked her "Mom, where are you going? What are you going to do?"

My mom heard my question and she said "I am going to the store to get something delicious for the cat. So you can feed her after school."

So I told my mom, "Let's go together!"

My mom and I got on the bus. We went to the store that is just next to the train station.

There are many things in the store.

They sell a lot of beautiful and delicious things. Some are expensive, but some are cheap. There are also other things that I don't even know.

My mom wanted to buy some vegetables, a piece of lamb, some fish, newspaper and two cups.

She asked the shop assistant how much it would cost for all the things we took. Then she paid 300 RMB and we left.

On my way back, I remembered that it was my birthday.

Although yesterday nobody asked me what the date would be today and nobody told me what we would do, I knew that today I would have a good day!

Chapter Three

After we came back home, I saw the cat was sleeping. My elder brother and elder sister were waiting for me to go to school together.

The way to school is not very long.

We can see an airport on the way. Sometimes there are aircrafts passing by.

My brother told me "Let's play together after class. We can play football and basketball. Your sister would also like to go swimming with us."

We arrived at school. There were already many students.

I came to the classroom and I saw some classmates writing characters. Some are reading books and some are talking. I finally sat on my chair.

In the meantime, the teacher came in!

Because the Chinese test day was approaching, I thought that the teacher would talk about the test.

But she walked to me slowly, she stopped in front of my desk saying "Happy Birthday"!

Everyone smiled and sang a birthday song for me. I felt very happy.

Chapter Four

After class, it was lunchtime. So I went to have some noodles with my classmates.

When I came back home, I saw that my little sister was dancing in front of the TV. The cat and the dog were playing behind her.

I thought that it was time to feed the cat. So I washed my hands and fed the cat with some fish as well as some rice from yesterday.

My elder brother and elder sister also came back.

They named our little cat Miss White. Our dog was called Mr. Black.

They were having a lot of fun with the cat and the dog.

10 minutes later, my brother came to ask me, "What did you feed Miss White this afternoon? Why is her right eye so red?"

I did not say anything.

My sister looked at the cat and said, "She is probably sick."

So my brother called my dad. Our dad thought that we should take the cat to the pet clinic.

My brother used the computer to search and found out where the pet clinic was. He called a taxi.

Fortunately, the clinic was not far from our home, it was just next to the hotel.

We took the cat to the clinic and asked the doctor "Her right eye is redder than the left one. Could you please help us to have a look?"

The doctor asked us some questions and took the cat into the room. We waited outside.

Chapter Five

One hour later, the doctor came out with the cat.

Finally, we knew the reason.

When I was feeding the cat, I gave lamb meat to the cat by mistake.

Because I did not notice that the lamb and the fish were placed together, the cat ate lamb meat and got sick.

I felt so sorry for the cat.

The doctor gave us some medicine and said: "The cat is ok now. She can eat starting from tomorrow. You can take her home now!"

We said to the doctor, "Thank you! Good bye!"

The doctor said, "You're welcome! Good bye!"

We took a taxi and went back home.

When we reached home, we saw that mom and dad were already back from work. They were waiting for us.

Mom asked, "Kids, how did it go today?"

We told them, "The cat was sick today. We took her to the pet clinic and she is all right now."

Both dad and mom said, "Don't worry!"

They also said: "Everyone learns from his mistakes little by little. Now you all understand. So next time you know how to do better!"

It was getting dark outside. Dad looked at his watch and said "Today is your brother's birthday. Let's go to a restaurant!"

Mom said to dad, "Do not bring your hand phone! It 's family time tonight!"

After dinner, we also bought movie tickets and went to see a movie.

On the way home, I said to everyone, "Thank you all! I had such a good birthday today! I love you all!

Learn more with HSK Academy:

www.hsk.academy
➔ HSK vocabulary lists, sentences, audio, flashcards, mock exams, blog...

facebook.com/hsk.academy
➔ HSK daily quizzes, texts extracts, word lists, useful links...

HSK Academy YouTube channel
➔ HSK vocabulary lists on video, audio of the books, tips...

Printed in Great Britain
by Amazon

62409657R00031